Pernilla Stalfelt

Ich mach dich platt!

Das Kinderbuch von der Gewalt

*Aus dem Schwedischen
von Birgitta Kicherer*

Moritz Verlag
Frankfurt am Main

Pernilla Stalfelt, geboren 1962 in Örebro, Schweden,
studierte Kulturwissenschaften und Kunst und beschäftigt sich
als Museumspädagogin am Museum für Moderne Kunst
in Stockholm mit Vorschulkindern.
1997 erhielt sie für ihr erstes Kinderbuch die wichtigste schwedische
Auszeichnung für IllustratorInnen, den Elsa-Beskow-Preis.
Für *Und was kommt dann? Das Kinderbuch vom Tod*
wurde sie für den Deutschen Jugendliteraturpreis nominiert.

Außerdem erschienen von ihr im Moritz Verlag:
So ein Kack! Das Kinderbuch von eben dem
Fang einfach an! Das Kinderbuch vom Geschichtenerzählen.

Gewalt: jede Art von Angriff, die sich mit oder ohne äußere Hilfsmittel
durch mechanische Kraft gegen Personen oder Besitz richtet.

Aus der Schwedischen Enzyklopädie (verkürzt)

5. Auflage, 2022
© 2008 Moritz Verlag, Frankfurt am Main
Alle deutschsprachigen Rechte vorbehalten
Die schwedische Originalausgabe erschien 2005 unter dem Titel *Våldboken*
bei Eriksson & Lindgren Bokförlag, Stockholm
Published by agreement with Rabén & Sjögren Agency, Stockholm
Lettering: Jörg Mühle, Frankfurt/M.
Druck: Denona, Zagreb
Printed in Croatia
ISBN 978 3 89565 194 6
www.moritzverlag.de

Auf der Welt gibt es ein großes Problem, das heißt Gewalt. Gewalt kann zum Beispiel eine Schlägerei sein ...

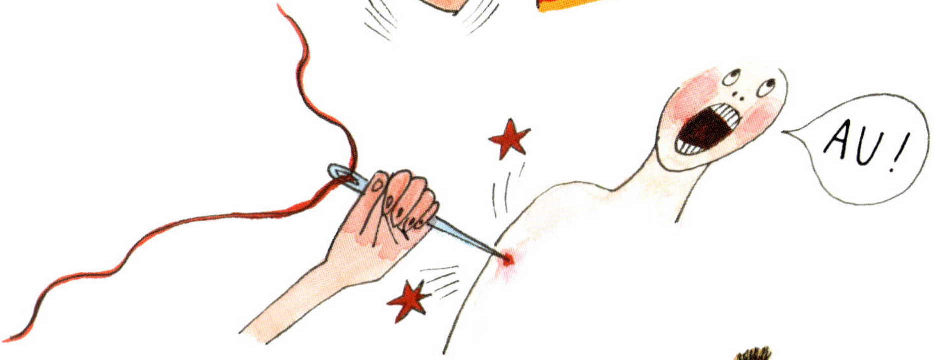

oder wenn man jemanden mit einer Nadel sticht ...

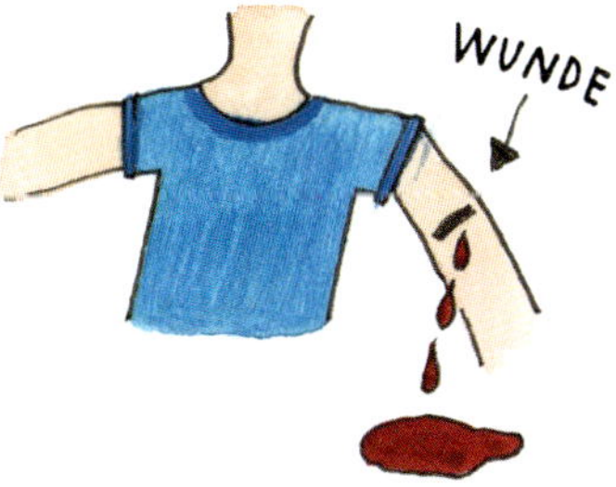

oder mit einem Messer.

Andere Leute anschreien kann auch Gewalt sein.

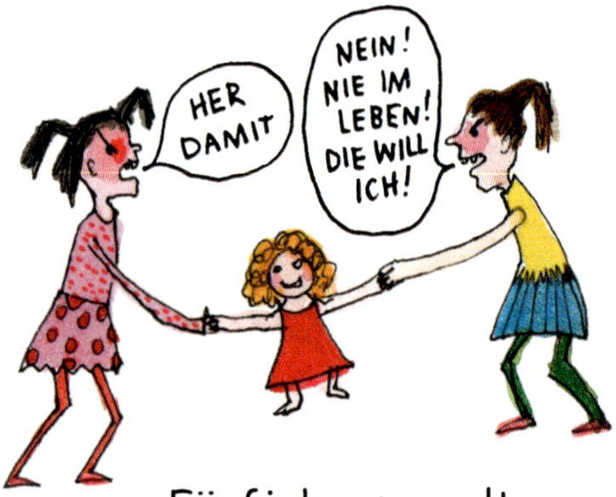

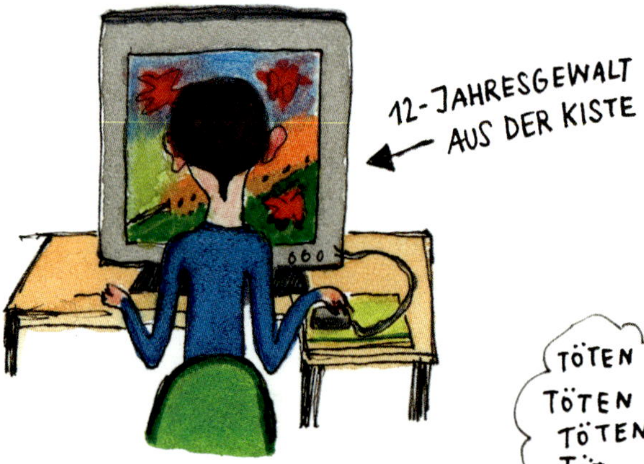

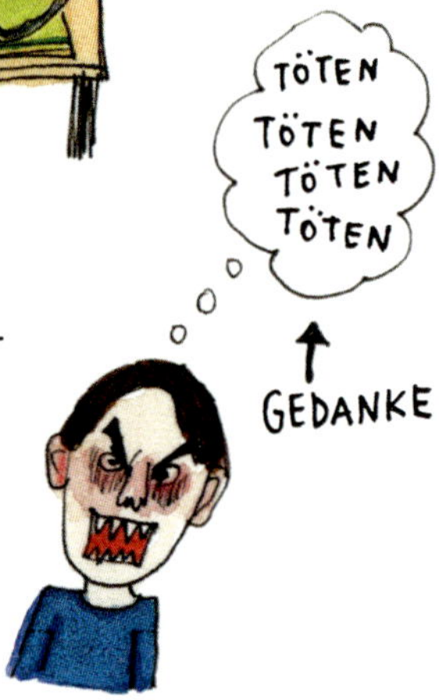

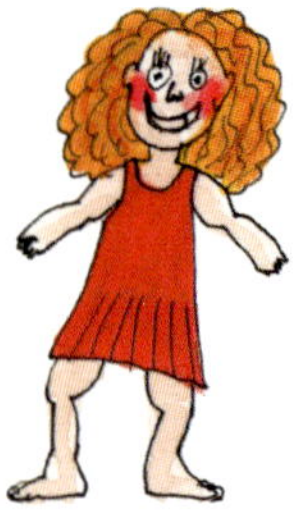

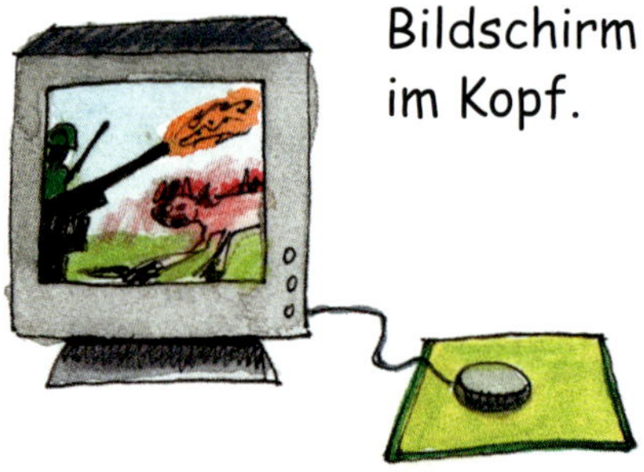

Kochgewalt kann in der feinsten Küche vorkommen.

Beleidigungen sind eine Art von Gewalt.

Wenn man jemanden absichtlich überfährt, ist das auch Gewalt.

Gleichgültigkeit = Wurstigkeit

Rollstuhlgewalt

In der Geschichte hat es schon immer Gewalt gegeben - genau wie Liebe.

Zum Beispiel in der Steinzeit

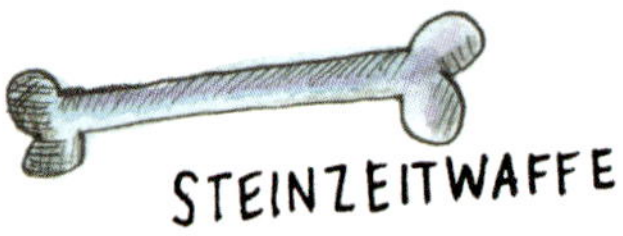

oder in der Wikingerzeit.

Im 14. Jahrhundert wurde mit Kacke gekämpft ...

Der Ritter in der Burg kippt Kacke und Pisse über die Ritter, die mit ihren Speeren in die Burg eindringen wollen. Voll eklig! Der Feind gibt auf.

Im 19. Jahrhundert kam es vor, dass die Kinder von einem Knecht Ruprecht oder einem grimmigen Nikolaus mit der Rute verhauen wurden.

Das war schrecklich.
So was nennt man Züchtigung.

Damit wollte man Kinder erziehen.

  BEDAUERNSWERTE KINDER

Heutzutage ist es verboten, Kinder zu züchtigen, jedenfalls bei uns.

Gewalt mit Waffen = lebensgefährlich

Gewalt mit Molkereiprodukten = nicht so gefährlich.

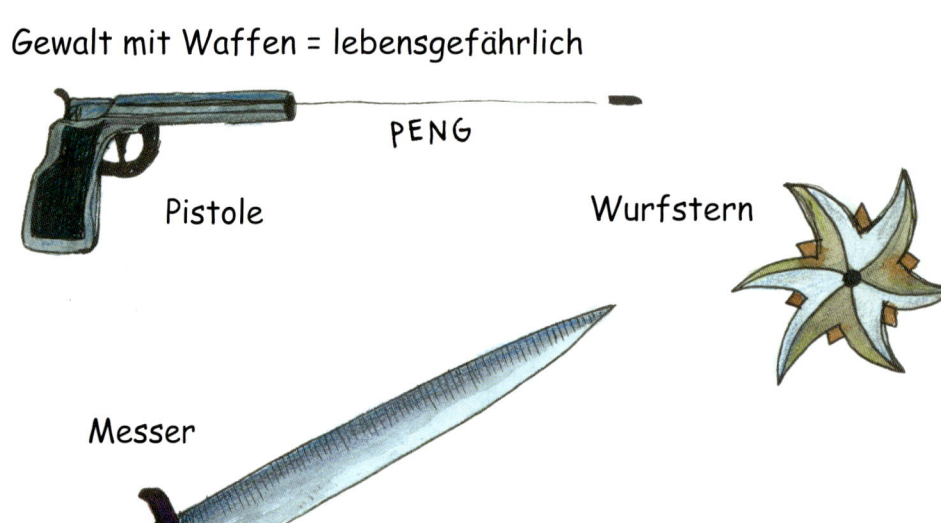

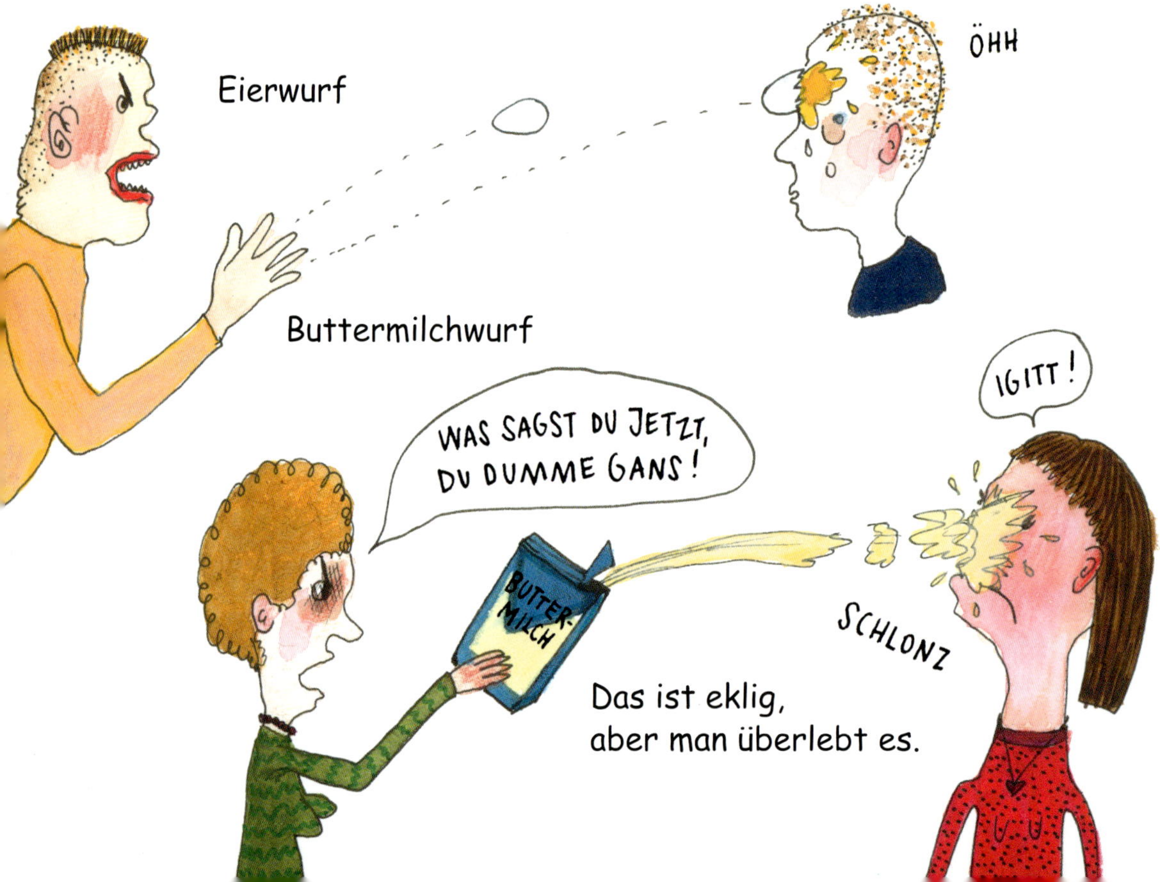

Wie kann man sich vor Gewalt schützen?
Indem man einen Helm aufsetzt ...

Sieht aus wie eine Höhle, ist aber ein Helm.

oder einen Schild benützt,

eine schusssichere Weste,

eine Rüstung

oder ein schnelles Pferd.

Oder ein schnelles Moped - man gibt Vollgas und fährt den Brutalos davon.

HALT!

HUST

Man kann auch seine Tür abschließen und überhaupt nicht mehr rausgehen.

Es gibt sinnlose Gewalt.

Dem einen macht es Spaß – andere macht es traurig.

Es gibt Gewalt, die muss sein.

Gewalt gegen Mücken

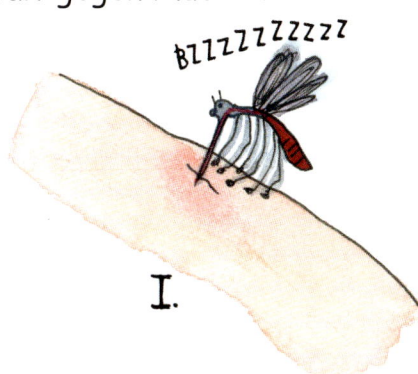

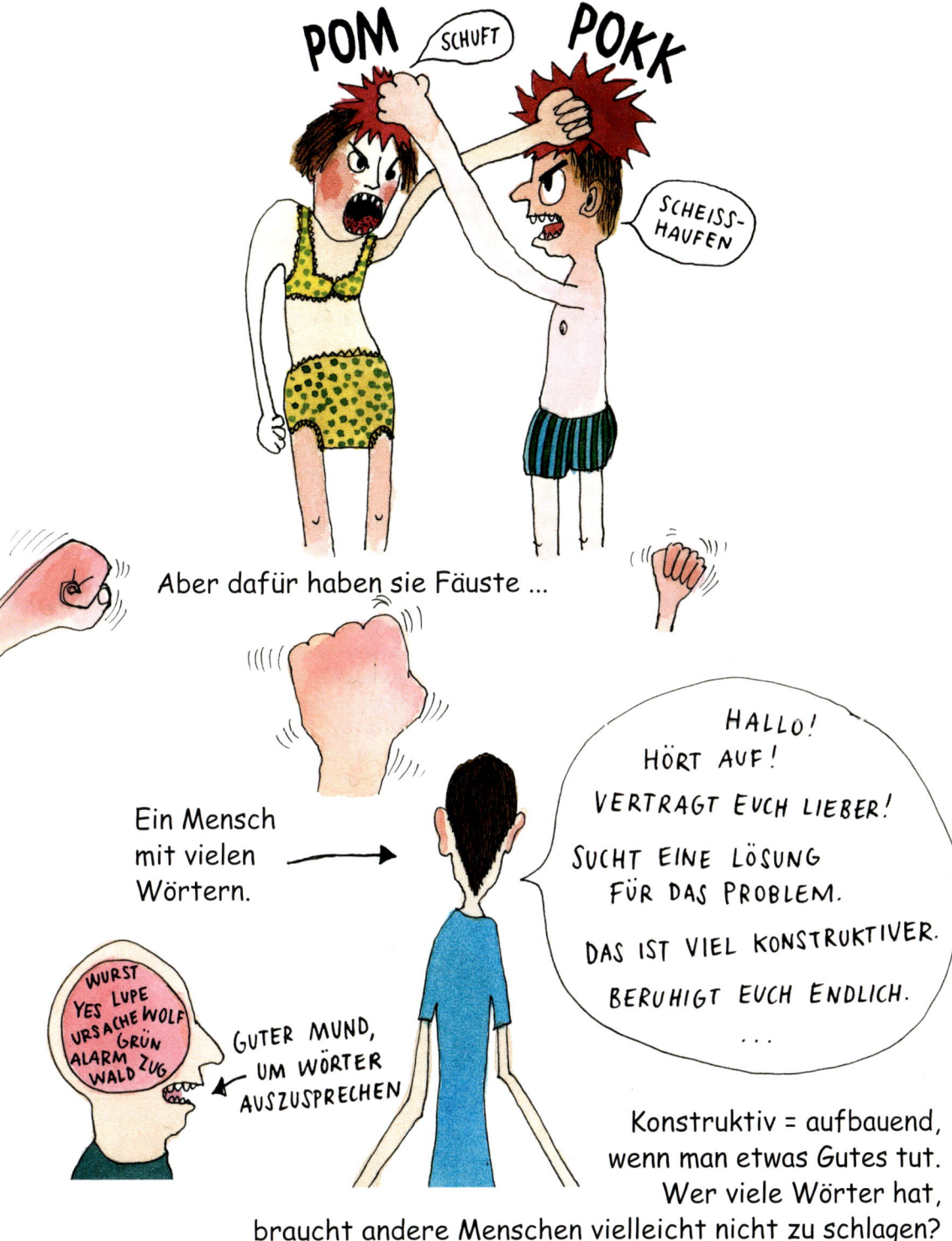

Auch im Sport kann Gewalt vorkommen.

Das nennt man dann Rempeln (oder Tackling).

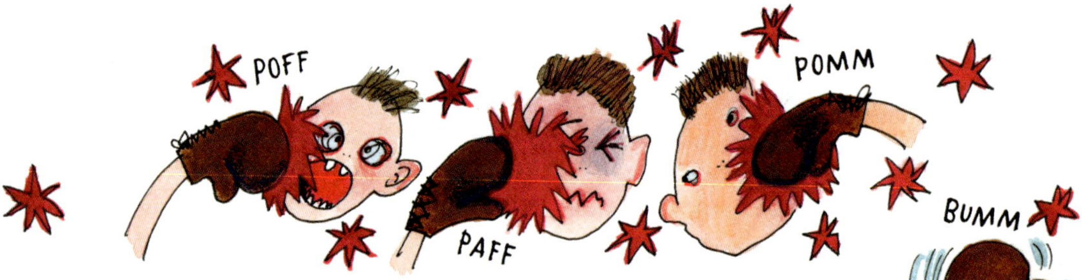

Boxen ist geordnete Gewalt. Dabei benützt man dicke Handschuhe, die weich gepolstert sind, um sich gegenseitig zu verprügeln.

Das tut weh und kann zum K.O. führen.

Wenn zwei gleich Starke
miteinander ringen,
nennt man das Ringkampf.
Ringen = erlaubt.
Ringen ist eine Sportart.

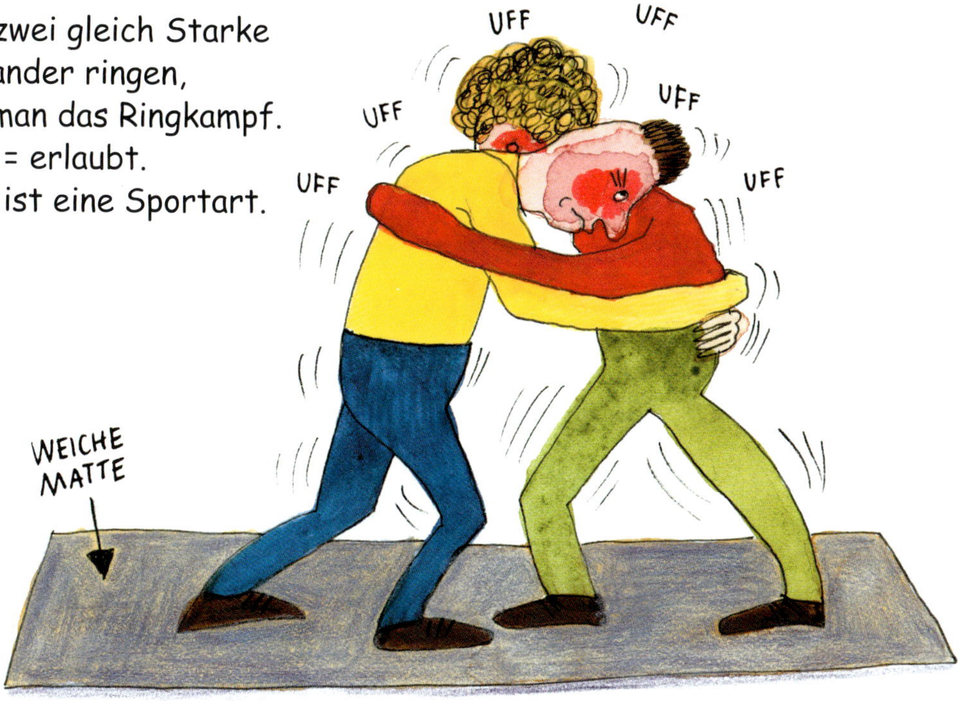

Ein wütender starker Mann
gegen eine schwächere Frau =
verboten.

Stinkstiefel =

Stiefel voller Kacke,
z.B. Vogelkacke

Oder ...
eine starke Frau gegen einen
schwächeren Mann.

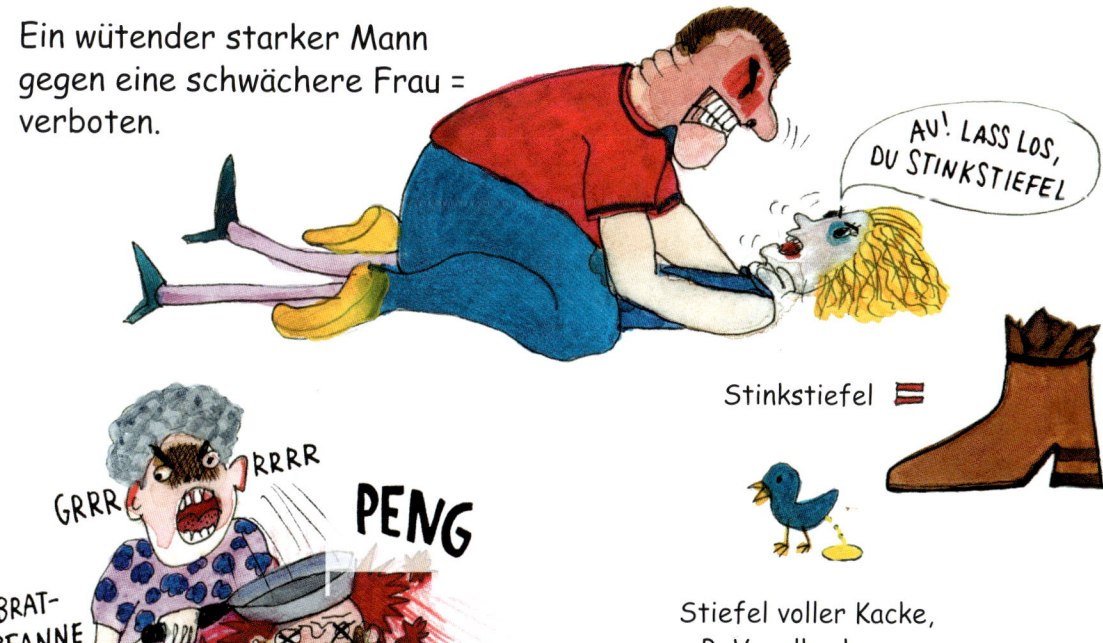

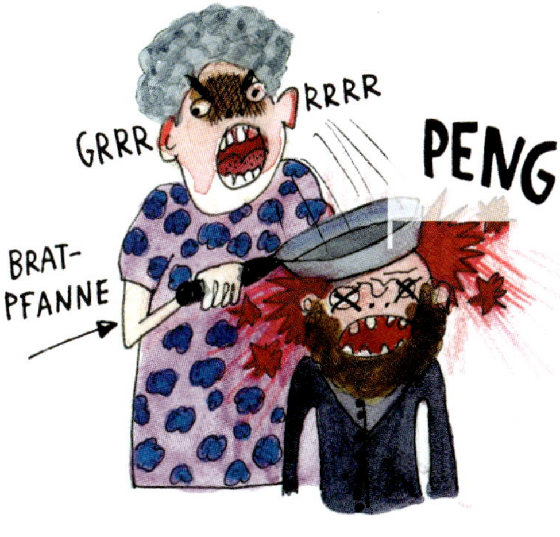

Das Gegenteil von Gewalt kann sein:

Wenn man jemand übers Haar streicht.

Wenn man jemand die Hand hält.

Wenn man jemand aufs Ohr küsst.

Wenn man jemand hilft, der es schwer hat.

Wenn man etwas verschenkt, von dem man reichlich hat.

Wenn man einen Kompromiss schließt.

Wenn man etwas für einen anderen tut.

Wenn man Mitgefühl zeigt.

Ein bisschen Watte ...

oder ein paar weiche Federn.

Vielleicht ein schwebender Halm in der Luft ...

oder eine schön verpackte Pralinenschachtel.

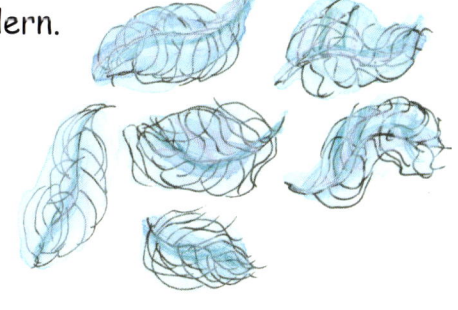

Folter ist die schlimmste Gewalt.

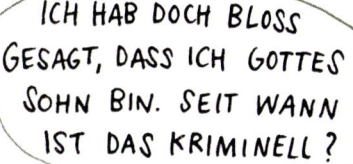

Folter wird oft gegen unschuldige Menschen eingesetzt. Unschuldig = hat nichts getan. Wie zum Beispiel Jesus.

Ihm hat man Nägel durch Hände und Füße geschlagen und dann musste er an einem Holzkreuz hängen, bis er starb.

Folter ist nie gut, immer nur schrecklich.

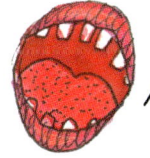 AAAAAAHHH

 Man schreit und weint und wird bewusstlos und viele sterben.

Leiden = Aaaahhh.
Neeein, aufhören! Nein!!! Halt!!!
Aauuu... Äääö... Schluchz ...

Folter dient dazu, Macht zu demonstrieren und Leid und Angst zu erzeugen.

Krieg mit Waffen und Soldaten ist Gewalt.

Einen Krieg anfangen, das ist verboten. Aber vielen ist das wurscht ...

zum Beispiel diesen hier.   Dann gibt es trotzdem einen Krieg.

Krieg kann dazu führen, dass viele Menschen sehr traurig werden.

Und Tiere auch ...

DER KÄFIG IST KAPUTT

Wellensittich, der sein Zuhause verloren hat.

DIE HUNDEHÜTTE IST DEM ERDBODEN GLEICHGEMACHT

Hund, der sein Herrchen verloren hat.

Und auch so manche Pflanze.

BOMBENSPLITTER HABEN DEN BLUMENTOPF ZERSTÖRT

Blume, die ihren Blumentopf verloren hat.

Viele verlieren das Leben.

Einige ihren Rüssel.

DER HASE HAT SEINE OHREN VERLOREN

Andere verlieren Arme und Beine.

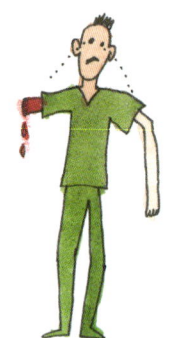

Viele verlieren ihr Hab und Gut, zum Beispiel alle ihre Sachen und sämtliche Fotos.

FOTO ALBUM

EIN SCHÖNES SCHAFSFELL

EIN ANDENKEN VOM MEER

Im Krieg werden schöne alte Bauwerke zerstört ... und neue auch ...

Übrig bleiben bloß Steine und Schrott.

Nichts davon kommt je wieder zurück!!

Die Menschen verlieren ihre Geschichte und ihre Umwelt.

Leute, die einen Krieg erlebt haben, tragen in ihrem Innern manchmal eine Art Dunkelheit mit sich herum.

Sie versuchen vielleicht, sich nicht mehr zu erinnern.

Nachts haben sie oft schreckliche Träume ...

Alles muss neu aufgebaut werden.

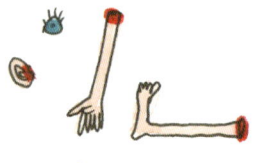

Aber Arme und Beine und Verwandte kann man nicht wieder aufbauen.

Es gibt Menschen, die dürfen in ihrem eigenen Land nicht das denken, was sie wollen ...

oder die Dinge sagen, die ihnen wichtig sind ...

weil sie sonst vielleicht von irgendeinem Soldaten umgebracht würden ...

Verschmierter Soldat

PENG

BAWUMM

oder von einer Bombe in die Luft gesprengt ...

HILFE, ES IST KRIEG!

Vielleicht wollen sie ihr eigenes Land verlassen, weil dort Krieg und Gewalt herrschen.
Und weil Minen im Gras versteckt sind, die explodieren, wenn man unterwegs ist, und einen verletzen oder umbringen.

In einem anderen Land ist es sicherer für sie.

Wenn man mit dem Herzen spricht, zuhört, fühlt und denkt ... dann gibt es vielleicht keine Gewalt!

Man versteht einander = Einverständnis

Und man kann versuchen die Gewalt zu beenden.

Man kann gegen Gewalt und Krieg demonstrieren und protestieren.

Protestieren = Nein sagen.

Man kann ja mal bei sich selbst anfangen ...